A SON EXCELLENCE

M. LE COMTE DE VILLÈLE.

SECONDE LETTRE

A SON EXCELLENCE

M. LE COMTE DE VILLÈLE,

MINISTRE DES FINANCES,

PRÉSIDENT DU CONSEIL DES MINISTRES, etc., etc.,

SUR

LE PROJET DE REMBOURSEMENT

OU DE RÉDUCTION

DES RENTES;

Par le Comte DE MOSBOURG.

PARIS,

DELAUNAY, LIBRAIRE,

PALAIS-ROYAL, GALERIES DE BOIS.

—

IMPRIMERIE DE LACHEVARDIERE FILS,

SUCCESSEUR DE CELLOT, RUE DU COLOMBIER. Nº 30.

1824.

SECONDE LETTRE

A SON EXCELLENCE

M. LE COMTE DE VILLÈLE.

MONSIEUR LE COMTE,

La lettre que j'eus l'honneur d'adresser à votre excellence, le 26 mars, avait pour objet de prouver que le plan inventé par des banquiers étrangers, pour opérer la réduction de nos rentes, devait être plus funeste encore aux intérêts généraux de l'état, qu'aux intérêts privés des rentiers, même en supposant qu'il obtînt le succès le plus complet.

N'ayant que ce but en vue, et mon écrit n'étant pas destiné d'abord à la publicité, je jugeai inutile d'examiner si le plan lui-même n'échouerait pas dans ses moyens d'exécution ; ou plutôt, je crus donner une plus grande force à mes raisonnements, en admettant son accomplissement sans obstacle, et en prouvant qu'il devait entraîner des résultats désastreux, pour la fortune publique.

Cependant, je suis informé qu'on abuse de

cette concession, pour soutenir que la réussite du projet me paraît incontestable, et pour persuader à certains rentiers, qu'ils doivent garder leurs rentes, parceque, d'après mes calculs, la hausse à des 3 pour o/o promet, sur le capital, des bénéfices qui dédommageront de la perte éprouvée sur les intérêts.

Quoique je n'aie pas la présomption de croire que mon opinion soit d'un grand poids, et quoique je sois fort loin de penser que des créanciers de l'état puissent la prendre pour règle de leurs déterminations, la crainte d'avoir fourni aux auteurs du projet, le plus faible moyen de le défendre ou d'induire en erreur ceux dont il peut causer la ruine, m'impose le devoir de protester contre les fausses inductions qu'on a tirées de ma manière d'argumenter.

Afin d'éclaircir, autant qu'il est en mon pouvoir, toutes les questions qui se rattachent à l'opération financière dont les esprits sont occupés, et afin d'ajouter quelques démonstrations à celles que j'ai cru présenter dans ma lettre du 26 mars, je vais dire d'abord, avec franchise, ma pensée, sur le plan d'opération, considéré uniquement dans la probabilité de son succès.

Je m'attacherai ensuite à prouver :

1° Que la mesure proposée est contraire aux principes d'économie politique les mieux établis, et aux calculs de finance les plus rigoureux ;

2° Qu'avec les temps de paix et de prospérité, dont nous pouvons nous flatter, elle entraîne une perte de plus de quinze cents millions, à la charge des contribuables;

3° Qu'avec des circonstances difficiles, qui pourraient créer des besoins et altérer le crédit, elle produirait des résultats bien plus désastreux encore;

4° Qu'au lieu de favoriser le mouvement des capitaux vers les provinces, comme on en flatte les députés des départements, elle le ralentira, et arrêtera dans la capitale, les fonds qui pourraient aller, si la mesure n'avait pas lieu, au secours de l'agriculture et de l'industrie.

Du succès de l'opération.

S'il fallait résoudre la question épineuse du succès ou de la chute du projet, par le calcul des probabilités, je craindrais bien de ne pas arriver à un résultat satisfaisant, et je doute que M. de Laplace lui-même, osât nous donner avec quelque confiance en termes positifs, une réponse affirmative ou négative. Si les auteurs du plan se livrent à un semblable calcul, je les invite à lire dans l'Essai philosophique de ce grand géomètre, le chapitre intitulé *Des illusions dans l'estimation des probabilités.*

Pour moi, je le dis avec sincérité, je rends trop de justice à la prudence du ministre pour n'être pas persuadé que son excellence n'a négligé aucun des moyens qu'il est possible de réunir, afin d'assurer l'exécution du projet, dans le cas où il serait adopté par les chambres ; mais est-il bien certain que tous les moyens qu'il est possible de réunir, se trouvent suffisants?

J'ai déjà dit que, si tous les rentiers pouvaient se coaliser, pour demander deux milliards huit cents millions, formant le capital de cent quarante millions de rentes, les banquiers qui provoquent la réduction, en offrant le remboursement, ne pourraient pas les fournir.

Alors je voulais uniquement démontrer que l'offre de remboursement n'avait rien de réel, et ne présentait qu'une illusion.

Aujourd'hui qu'il s'agit d'exprimer une opinion, sur la possibilité de soutenir l'opération proposée, je crois pouvoir dire que, si on demandait avec obstination, et pour mettre les fonds en réserve, le remboursement du quart ou du cinquième des rentes menacées de réduction, c'est-à-dire, à peu près de 28 à 30 ou 35 millions, la puissance des banquiers coalisés n'y suffirait pas. Ignore-t-on qu'ils ont encore à payer plus de la moitié de l'emprunt de 23 millions, et qu'au lieu de pouvoir tirer de l'argent de diverses places considérables, ils doivent y faire des remises, pour remplir leurs engagements?

Si les bruits qui circulent étaient fondés, mes conjectures auraient porté les sommes que les banquiers pourraient payer, au-dessus de la limite qu'ils ont fixée eux-mêmes. On assure qu'ils n'ont voulu s'engager qu'à fournir 300 millions, et qu'au-delà de cette somme, ce serait au ministère à se procurer, comme il l'entendrait, les moyens de remboursement.

Je ne saurais admettre l'existence d'un pareil traité, qui mettrait tous les avantages, sans aucun péril, du côté des banquiers; tous les sacrifices et tous les risques du côté du gouvernement. Mais ce qu'on dit nous donne la mesure de l'opinion commune sur l'étendue des sommes que ces messieurs pourraient fournir.

En évaluant moi-même ces sommes à cinq ou six cents millions, je crois faire une part très belle à leur crédit; et encore, pour qu'ils puissent disposer d'une telle masse d'argent, il faut qu'il n'arrive en Europe aucun événement qui soit de nature à troubler leurs mesures; il faut qu'il ne se forme, contre eux, aucune coalition ennemie; car le moindre bruit de guerre, ou l'union de quelques grandes maisons de banque, suffirait pour les arrêter.

En résultat, le succès de l'opération dépend des rentiers, des événements et des maisons de banque rivales de celles qui traitent avec le ministère.

Si un petit nombre de rentiers demande le remboursement, si la paix continue à régner partout, si toutes les maisons de banque s'unissent à celles qui se sont présentées, l'opération, à mon avis, réussira.

Dans le cas contraire, elle tomberait, et les sinistres effets de cette catastrophe sont incalculables.

La mesure qu'on propose est contraire aux principes d'économie politique et aux calculs de finance.

Tous les écrivains qui ont traité de l'économie publique s'accordent à reconnaître, que les plus mauvais systèmes d'emprunt, sont ceux qui en établissent la négociation sur le taux d'intérêt le plus bas.

Cette vérité se fonde sur deux considérations d'une évidence frappante.

La première, c'est qu'un état qui propose un faible intérêt n'obtient qu'un faible capital, en contractant l'obligation d'en rembourser un proportionnellement beaucoup plus considérable, que s'il prenait pour base de ses emprunts un intérêt élevé.

La seconde, c'est qu'avec la même dotation, une caisse d'amortissement rachète plus vite une dette qui porte un haut intérêt, que la même dette portant un intérêt plus bas.

Pour faire comprendre à tout le monde le désavantage des emprunts sur bas intérêt, il me suffira, je crois, de dire que, si en 1817 nous eussions fait, sur un intérêt de trois pour o/o, les emprunts que nous fîmes sur un intérêt de cinq, ceux qui nous donnèrent 50 francs pour 5 francs de rente, avec l'obligation de leur en rembourser 100, ne nous auraient donné que 30 francs pour 3 francs, toujours avec l'obligation de leur en rembourser 100.

On voit que, dans le premier cas, la somme remboursable n'était que le double de la somme reçue ; dans le second, elle aurait été plus que le triple.

Il en est de même aujourd'hui : on prétend pouvoir emprunter à 4 pour o/o ; si cela était vrai, il faudrait négocier l'emprunt à ce taux d'intérêt, et on devrait recevoir 100 francs pour 4 francs de rente, en s'obligeant à rembourser 100 francs.

Mais en prenant pour base de la négociation un intérêt de trois pour o/o, on reçoit, pour 3 francs de rente, 75 francs, en contractant l'engagement d'en rembourser 100 ; en sorte que, pour 4 francs de rente constituée, on obtient bien, comme lorsqu'on emprunte sur un intérêt de 4, une somme de 100 francs, mais on se constitue dans la nécessité de rembourser 133 fr. 33 centimes.

Ce changement dans la base de la négociation produit donc, pour l'état, une perte de 33 un tiers dans le capital de sa dette.

C'est précisément cet accroissement de charge, heureusement évité au milieu de nos désastres en 1817, qu'on veut nous imposer aujourd'hui, sur toute la dette existante, en nous y soumettant d'avance pour toutes nos dettes à venir.

Quant à l'action de la caisse d'amortissement, pour établir irréfragablement combien elle est plus puissante, en agissant sur une dette contractée à un intérêt élevé, qu'en opérant sur une dette dont l'intérêt est plus bas, je prie qu'on jette les yeux sur les deux premiers tableaux qui accompagnent cette lettre, et qui présentent, semestre par semestre, la situation de la caisse d'amortissement, rachetant au pair et avec la même dotation, d'un côté des rentes à 5 pour o/o, et de l'autre des rentes à 3 pour o/o.

On verra que, dès la onzième année, elle aura acquis, dans les 5 pour o/o, 28 millions de rente de plus que dans les 3 pour o/o; c'est-à-dire un capital de 560 millions à 5 pour o/o, ou de 933 millions à 3 pour o/o. Cette démonstration en chiffres, que j'aurai occasion de reproduire, me dispense de tout autre développement, et je suis heureux de pouvoir abréger.

Le docteur Price, qui écrivait en 1771 et 1772,

le docteur Price à qui on doit le système d'amortissement fondé par M. Pitt, a proscrit, comme
ruineux pour les états, les emprunts sur un taux
d'intérêt bas et les réductions des intérêts des
dettes, avec augmentation de capital, quoique sans
doute il ne fût jamais entré dans son esprit, qu'on
pourrait, un jour, porter un tel accroissement
jusqu'à 33 1/3 pour cent.

«Le fonds d'amortissement, dit-il, fait que l'in-
»térêt qu'une nation paie de ses emprunts est de
»peu ou point de conséquence. Une réduction
» d'intérêt n'est pas suivie des avantages qu'on ima-
» gine communément : et de la manière dont elle
» a été jusqu'à présent effectuée, elle n'a été qu'un
» expédient pour différer la banqueroute, en dimi-
» nuant la possibilité de l'éviter. »

Ainsi le docteur Price s'occupait peu des intérêts d'une dette, et mettait beaucoup de prix à diminuer le capital ; nous, au contraire, voilà que
nous consentons à accroître le capital d'un tiers
pour obtenir une diminution d'un cinquième sur
les intérêts.

Le même auteur suppose un état chargé d'une
dette de cinq millions de rente, et consacrant un mil-
lion par an à former un fonds d'amortissement : ce
fonds, dit-il, si les dettes ont été contractées à un
intérêt de 6 pour o/o, paiera trois cinquièmes de ces
dettes en vingt-trois ans, et l'état peut être sauvé.

Si l'intérêt n'est que de 3 pour o/o, le fonds d'amortissement ne produira un pareil allégement que dans un temps double, et une banqueroute peut devenir inévitable. En effet, dans le premier cas, la dette est de 83,333,333, et dans le second, de 166,666,666.

Nous nous trouvons dans celle des deux situations que le docteur Price juge la plus favorable, puisque notre dette réductible, constituée à 5 pour o/o, ne représente qu'un capital de 2 milliards 800 millions; et nous allons nous placer spontanément, dans celle qu'il signale comme la plus dangereuse, en convertissant nos 5 pour cent en 3 pour cent, qui représenteront un capital de 3 milliards 733 millions.

Les principes du chevalier Stewart, qui a fait des recherches si profondes sur l'économie politique, sont les mêmes; et il indique plusieurs moyens de diminuer le capital des dettes en accroissant légèrement l'intérêt.

Les calculs du docteur Price l'avaient porté à proposer un système auquel s'attache cette dernière idée, et qui est entièrement contraire à celui qu'on veut nous faire adopter, c'était de parvenir à l'extinction des dettes, en offrant aux créanciers un intérêt plus fort que celui qui leur est dû, à condition qu'ils consentiraient à réduire leur capital ; et M. Hamilton, qui a écrit sur la dette publique de l'Angleterre, un ouvrage répandu dans toute l'Europe, considère cette vue comme une des meilleures du docteur Price. *Nous sommes entièrement d'accord*, dit-il, *avec le docteur Price sur le désavantage qu'il y a à emprunter à un taux d'intérêt bas, avec un accroissement du capital nominal.*

Ce jugement du projet mis en discussion, porté d'avance, il y a plus de cinquante ans, par un homme dont M. Pitt adopta les avis, et que, par conséquent, on peut considérer comme appartenant à M. Pitt lui-même; ce jugement, établi sur des calculs, sanctionné par l'expérience, et confirmé par les écrivains les plus célèbres, n'est-il pas digne d'arrêter, un moment, l'attention de nos ministres et celle des Chambres?

Ce n'est pas impunément qu'on viole les principes, et qu'on donne aux chiffres des démentis. La vengeance des chiffres et des principes n'est jamais incertaine. Quelquefois, à la vérité, elle est lente et presque inaperçue pour le vulgaire; mais, dans la circonstance actuelle, elle doit être prompte; elle doit être éclatante aux yeux de tous; elle nous menace, elle va nous frapper.... On en sera, j'espère, convaincu en lisant les deux paragraphes qui suivent :

Avec la paix et des temps de prospérité, l'opération entraîne une perte de plus de quinze cents millions au préjudice des contribuables.

Les défenseurs du projet sont condamnés à de singulières contradictions.

Veulent-ils justifier la réduction? ils invoquent pompeusement l'exemple de l'Angleterre ; mais si on leur dit que le plus audacieux spéculateur n'oserait pas même proposer à Londres une opération pareille, fondée sur une augmentation d'un tiers, dans le capital de la dette, ils répondent qu'on ne peut pas argumenter de l'exemple de l'Angleterre (1).

Pour consoler le rentier qu'ils privent du cinquième de son revenu, ils lui annoncent qu'il pourra gagner 33 1/3 pour o/o sur son capital (2), petit bénéfice qui coûterait un milliard à la France ; et pour rassurer les contribuables, qui ne voudraient pas être chargés de ce milliard, ils leur

---

(1) Rapport à la chambre des députés par M. Masson, le 17 avril 1824.

(2) Rapport du ministre en présentant le projet de loi, le 5 avril.

disent qu'on ne le paiera pas, et que tout cela ne coûtera rien a l'état (1).

Enfin quand ils veulent prouver que le temps de rembourser la dette est bienvenu, ils parlent du taux des intérêts, qui a baissé sur toutes les places de l'Europe, à 3, à 2 1/2, et même au-dessous, et ils en concluent que la rente doit hausser prodigieusement; que le taux nominal des 3 pour o/o dans nos fonds publics doit devenir progressivement le taux réel, ou, en d'autres termes, que les 3 pour o/o doivent s'élever au pair, c'est-à-dire à une valeur de 100 francs (2).

Mais quand on leur fait observer qu'une telle hausse ne saurait avoir lieu sans forcer l'état à sacrifier d'un côté ce que de l'autre il aurait pris aux rentiers, leur langage change à l'instant : ils répudient la hausse : ils l'enchaînent, ils la restreignent dans des limites qui conviennent à leur système; que dis-je? ils annoncent que les 5 pour o/o peuvent descendre à 5o pour o/o (3), ce qui ne doit pas engager beaucoup à les accepter; et c'est ainsi qu'ils finissent par mettre notre for-

(1) Rapport de M. Masson.

(a) Moniteur du 26 mars.

(3) Rapport de M. Masson.

tune sous la protection de la baisse, comme M. Pitt disait autrefois que la convention mettait ses flottes sous la protection des tempêtes.

Un système que des hommes d'un grand talent sont réduits à défendre par de tels moyens n'est-il pas déjà ruiné dans ses fondements?

La vérité est que l'inconcevable mesure qu'on propose n'eut jamais d'exemple chez aucune nation du monde ;

Qu'elle met bien réellement et sans aucune compensation, à la charge des contribuables, une somme de plus de quinze cents millions ;

Que cette somme sera matériellement payée en moins de 29 ans, par l'intermédiaire de la caisse d'amortissement, si nous avons une paix durable ; avec d'autant plus de détriment pour les provinces, pour les propriétés et pour l'industrie, qu'une grande partie de cette énorme masse d'argent passera chez les étrangers.

Que doit-il arriver, en effet, si l'opération réussit, si les temps sont prospères, et si partout la tranquillité règne en Europe?

Alors, il n'en faut pas douter, la hausse des 3 pour o/o sera très rapide. Favorisée par l'action puissante d'une caisse d'amortissement dotée de 80 millions de rente, excitée par l'intérêt actif des spéculateurs, pressée peut-être par les combinaisons savantes d'une politique étrangère, elle aura le cours le plus favorable que les auteurs du projet aient pu nous annoncer ; le taux nominal des 3 pour o/o deviendra le taux réel, comme le disait le *Moniteur* du 26 février ; les rentiers pourront gagner 33 1/3 pour o/o, comme le disait le ministre, dans son rapport à la chambre des députés....

Mais alors chaque franc de hausse fera perdre à l'état 1,333,333 francs pour chaque rente de 4 millions de francs qu'il rachètera, en sorte que si elle monte au pair, il perdra sur chaque rente de 4 millions rachetée 33,333,333 francs.

Or, je ne crains pas d'affirmer qu'avec les circonstances favorables, et avec les moyens d'excitation que nous avons supposés, la rente doit s'élever au pair, ou très près du pair, en trois ans. Essayons de le prouver.

Lorsqu'en 1817, nous fîmes notre premier emprunt à 50, les 5 pour o/o anglais valaient, à Londres, à peu près 98, comme les 3 pour o/o y valent aujourd'hui à peu près 97. Et les fauteurs de notre emprunt disaient à ceux qui s'effrayaient de l'idée de payer un double capital, que jamais nos rentes ne s'élèveraient au taux où étaient celles de l'Angleterre ; que le capital n'était rien qu'une pure fiction, et que jamais on n'aurait à le rembourser.

Cependant, à la bourse du 6 mars 1821, c'est-à-dire , quatre ans après, notre rente fut fermée à 85, 45.

Un ministre , vers la même époque , annonçait à la tribune qu'elle serait bientôt au pair , et ce ministre avait raison : elle y fût montée en moins de six mois , si les affaires de Naples ne fussent venues troubler le cours de cette prospérité.

La preuve, c'est qu'après la contre-révolution de ce pays , nos rentes remontèrent rapidement, et furent fermées le 6 mars 1822, à 94, 70.

La guerre d'Espagne les fit baisser de nouveau ; mais on voit ce qui s'est passé depuis.

Puisque nous avons ainsi gagné non seulement la différence de 48 fr. qui séparait la valeur de nos cinq pour o/o , en 1817, de celle qu'avaient à cette époque les fonds anglais, mais encore 4 ou 5 francs de plus , pourquoi lorsque nous avons gagné cette différence , malgré l'influence d'une occupation étrangère, et celle de deux guerres imprévues, dont la dernière vient de nous coûter 200 millions ; pourquoi , dis-je , dans un temps que nous supposons prospère , ne gagnerions-nous pas la différence qu'il y a actuellement entre le taux auquel nous livrerons nos 3 pour o/o , et le cours des 3 pour o/o anglais ; différence qui n'est que de 22 à 23 francs.

On repoussera sûrement cette analogie : mais on la repoussera par des généralités , par des ambiguïtés, par des énigmes que personne ne comprendra ; moi, je vais la fortifier par des faits et par des calculs.

En 1817, notre caisse d'amortissement n'avait en dotation que 40 millions et le produit éventuel des coupes de bois ; aujourd'hui elle possède 34 millions de rente achetés à la bourse, et sa dotation totale s'élève à 80 millions.

En 1817, nous faisions notre premier emprunt : on savait quelles sommes nous devions payer aux puissances alliées, et combien nous devions dépenser pour l'entretien de leurs troupes ; on savait que, par des emprunts successifs, nous devions porter notre dette au-delà de 200 millions de rente ; aujourd'hui on sait que nous n'avons plus d'emprunt à faire ; on ne voit plus chez nous des baïonnettes étrangères ; on reconnaît que notre dette mobile n'est que de 140 millions qui seraient réduits à 112 : peut-on nier que les circonstances ne soient beaucoup plus favorables que celles de 1817 pour rapprocher le cours de nos rentes du cours des rentes anglaises ? Dès lors, comment contesterait-on que nos trois pour cent, dans un espace de trois ans, peuvent s'élever au pair que les trois pour cent anglais vont atteindre ?

Voici d'autres considérations :

Sur 197 millions de rentes inscrites, on n'en excepte que 57 de la réduction ; mais, sur les 140 mil-

lions qu'on y soumet, il y a encore 3o millions
appartenants à des établissements ou à des associa-
tions, qui ne peuvent pas être mis en circulation :
il ne reste donc, en ce moment, que 1 10 millions
de rentes négociables, qui, après la réduction, n'en
formeraient plus que 88 susceptibles d'être présentées à la bourse, à la volonté des titulaires d'inscriptions.

Comme je fonde toujours mes raisonnements
sur des faits ou sur des chiffres, je laisse à chacun
le soin de juger quelle portion de ces 88 millions
sera conservée par les propriétaires comme un revenu fixe, afin de déterminer ce qui restera pour
le marché public ; et je prie que l'on considère
avec quelle promptitude une caisse d'amortissement dotée de 8o millions fera hausser le cours de
ces rentes.

Pour que l'on s'en forme une idée juste, je dirai
que la moitié des 88 millions, au pair de 3 pour
cent, c'est-à-dire en payant 100 fr. pour 3 fr. de
rente, sera rachetée avant quatorze ans. (*Tableau,
n° 2.*)

Ajoutez à ces causes de hausse tout ce que pourront faire les combinaisons des spéculateurs em-
pressés de dévorer cette immense proie de plus
d'un milliard qu'on jette au milieu d'eux.

Quelques grandes maisons de banque, en Europe, sont devenues des puissances presque rivales

des puissances politiques. Sans elles, on ne peut plus faire ni la paix ni la guerre. Les vaincus en ont besoin pour payer les contributions qu'on leur impose ; les vainqueurs, pour les recevoir ; tous, pour acquitter les frais de leurs armements ou de leurs expéditions, et pour se préparer à des luttes nouvelles.

Ces puissances pécunieuses ont leurs cabinets, leurs courriers, leurs négociateurs, leurs journaux, leurs agents secrets, leurs courtisans, et les peuples sont leurs tributaires.

Lorsqu'elles se coalisent pour de grandes opérations, elles transportent avec facilité les plus grandes valeurs d'un pays à l'autre, et produisent, à leur gré, sur les diverses places de l'Europe, l'abondance ou la rareté des capitaux, pour élever ou pour faire baisser les fonds publics.

Ce n'est pas sur les intérêts de ces fonds que portent leurs spéculations ; des avantages si vulgaires ne sont rien pour elles : c'est sur les capitaux qu'elles opèrent ; et plus le cours des rentes est éloigné de leur capital nominal, plus elles leur offrent de bénéfices.

Nos rentes 3 pour o/o à 75 leur présentent 33 1/3 pour o/o à gagner. Quels efforts ne feront-elles pas pour obtenir tout ce profit, et peut-on ne pas croire qu'en joignant leur influence à celle des circonstances favorables dont j'ai fait l'énumération, elles réussiront à les porter au pair dans trois ans?

Il me semble que du moins cette opinion est fondée sur des probabilités assez nombreuses et assez fortes, pour qu'une administration prudente doive en faire la base de ses calculs, afin de connaître toute l'étendue des charges que ses opérations peuvent imposer au peuple.

Il est de règle d'ailleurs, que quand on contracte une dette, on doit calculer qu'on la paiera tout entière, sauf à considérer comme bénéfice tout ce qu'on pourra épargner.

C'est sur cette base que j'ai dressé les trois tableaux qui seront placés à la fin de cette lettre, et qui présentent, semestre par semestre, l'état comparatif des paiements à faire par le trésor, et l'état de l'amortissement, jusqu'à l'extinction de la dette que l'on veut réduire, dans la double supposition du rachat au pair des 140 millions existants, ou des 112 millions qu'on veut constituer à 3 pour cent.

Avant de donner l'explication de ces tableaux, je dois rappeler que j'ai exposé la nécessité de faire cesser, pour la caisse d'amortissement, l'obligation d'acheter des rentes au-dessus du pair. Cette obligation indéfinie que jamais aucun gouvernement ne s'est imposée, livre la fortune publique en dilapidation à l'agiotage.

Si on la laisse subsister, il n'y a plus aucun calcul

à faire. La dotation de la caisse d'amortissement devient la dotation de la bourse, et appartient aux joueurs nationaux ou étrangers. Que l'on ait alors des 5 pour o/o ou des 3 pour o/o, le pillage sera le même.

On conçoit que l'administration puisse, comme en Angleterre, faire des rachats au-dessus du pair, quand elle les juge utiles, pour élever son crédit ou pour se ménager les moyens d'arriver à un remboursement ; mais qu'on lui impose l'étrange loi de faire de tels achats, uniquement au profit des spéculateurs ; qu'elle soit forcée d'aller aveuglément chaque jour accroître sa dette à force d'argent, comme je l'ai déjà dit dans ma première lettre, et que la fortune publique soit l'eau destinée à couler éternellement dans ce tonneau des Danaïdes ; c'est ce qui choque le bon sens ; c'est ce que nos députés ne peuvent pas tolérer sans consentir à transformer la France en une vaste maison de jeu, où la caisse d'amortissement tiendrait la banque, sous la condition de perdre toujours, et où les contribuables seraient toujours obligés de fournir les fonds.

Il peut être utile au crédit, il est même d'une grande loyauté que la caisse d'amortissement fasse régulièrement des achats à la bourse, dans une proportion fixée d'avance, quand la rente est au-dessous du pair ; mais qu'elle opère de même quand elle est au-dessus, c'est une profusion insensée, qui doit finir par tuer le crédit au lieu de le soutenir, car on n'accorde pas long-temps de la confiance à ceux qui dissipent ainsi leur patrimoine.

Mes combinaisons sont fondées sur la supposition que l'on fera cesser un tel ordre de choses , ou plutôt un si ruineux désordre.

Les deux premiers tableaux présentent séparément les progrès du rachat au pair, semestre par semestre ; d'abord des 140 millions 5 pour o/o que l'on veut réduire , et ensuite des 112 millions 3 pour o/o que l'on veut constituer ; le troisième offre l'état comparatif des sommes que le trésor devra payer chaque semestre à ses créanciers.

Pour fermer la bouche aux défenseurs du projet, qui ne manqueraient pas de s'écrier que je me donne un grand avantage en calculant les 3 pour o/o au pair , je leur dirai que j'ai pris la seule base fixe qu'ils aient eux-mêmes donnée et qu'il faut supposer toujours qu'on paiera tout ce qu'on doit ; mais j'ajouterai qu'ils peuvent faire les mêmes calculs sur la base qu'il leur plaira de choisir, c'est-à-dire en fixant le taux moyen des 3 pour o/o à 95 , à 90 , à 85 ; jamais ils ne trouveront un résultat qui ne présente une perte colossale à la charge des contribuables.

Voici maintenant ce que je prie de remarquer dans les tableaux :

1° Suivant le premier tableau , la caisse destinée

à racheter 140 millions 5 pour o/o aurait acquis ,
dans la onzième année, 61,165,000 francs de
rente, et celle destinée au rachat des 112 millions
3 pour o/o, aurait acquis seulement 32,669,000;
différence : 28,496,000.

Il est donc démontré, qu'en renonçant à la réduction, on se trouverait, relativement aux rentes ,
dans l'intervalle du premier au second semestre de
la onzième année , dans la même situation où on
sera à la même époque après avoir fait cette réduction; c'est-à-dire qu'alors on doit avoir, dans l'un
et l'autre cas, une somme de rentes à payer parfai-
tement égale.

Le trésor ne profitera donc pas , pendant onze
ans entiers, de la réduction qu'il veut opérer, et ce
ne sera pas vingt-huit millions , comme on le dit ,
qu'il gagnera chaque année. Dès la première, il ne
gagnera que 26 millions 784 mille francs, et ce bénéfice ira diminuant progressivement, en sorte que,
dans le cours de la onzième année, il ne sera plus
que de 405,000 fr. , savoir, au premier semestre
647,000, dont il faudra déduire la perte au semestre
suivant : 242,000. Reste : 405,000. (*Tabl. n.° 3.*)

La somme totale que le trésor aura épargnée
dans le cours de onze ans sera de 173,500,000 fr.,
ce qui équivaut par année à 15,772,727 francs.

Mais alors quelle est la situation de la caisse d'a-
mortissement?

Elle possède, dans le système des 3 pour o/o, 28 millions de rentes de moins qu'elle n'en aurait si on n'eût pas fait la réduction. Ainsi, ces 28 millions de rente qu'on aura pris aux rentiers, on en aura privé aussi la caisse d'amortissement. L'état aura gagné d'un côté par la caisse du trésor, aux dépens des rentiers, 173 millions, et il aura perdu de l'autre, par la caisse d'amortissement, 28 millions de rente, représentant un capital de 560 millions (1).

C'est encore peu : après la onzième année, le trésor aura, dans le système des 3 pour o/o, plus de rentes à payer aux créanciers, que dans le système des 5 pour o/o ; et ce préjudice s'accroîtra

---

(1) Je préviens qu'en calculant le rachat des 3 pour o/o au taux moyen de 90 pour vingt ans, taux que tous les banquiers français et étrangers que j'ai consultés trouvent plutôt inférieur que supérieur à la moyenne que ces vingt ans doivent donner, le moment où la caisse d'amortissement aura racheté 28 millions de plus dans le système des 5 pour cent que dans le système des 3 pour cent, se rencontre au commencement du deuxième semestre de la treizième année, et si on calcule le rachat des 3 pour cent à 80, taux si bas que si on pouvait prévoir que ce fût le taux moyen pour vingt ans, l'opération ne serait pas exécutable, on trouve ce même moment au commencement du premier semestre de la quinzième année.

progressivement de telle manière, que dans l'espace de 9 ans, il coûtera au trésor 195,985,000 fr. Ainsi le bénéfice de 173, 500,000 fr., fait par la caisse du trésor pendant les 11 premières années se trouvera déjà plus que couvert : mais la perte de la caisse d'amortissement se sera excessivement accrue.

A cette époque, qui serait la vingtième année, elle aurait racheté, dans le système des 5 pour o/o, la totalité de la dette, et elle posséderait 140 millions de rentes représentant un capital de deux milliards huit cents millions, tandis que dans le système des 3 p. o/o, elle aura racheté seulement 67,298,000 sur 112 millions, en sorte que l'état devra encore 44,700,000 fr., dont le rachat coûtera, à 3 pour o/o, un milliard 490 millions.

Calculons, après ces démonstrations, ce que nous aura coûté l'opération proposée.

Première perte : la somme nécessaire pour racheter 44,700,000 fr. de rente.° 1,490,000,000

Deuxième perte : la somme qui sortira du trésor pour payer les semestres décroissants de cette rente pendant environ dix ans, et sans compter les intérêts composés. . 230,000,000 •

Troisième perte : la différence des 173 millions gagnés par le trésor dans les onze premières années aux 195 millions perdus dans les neuf années suivantes 22,000,000

Quatrième perte : 35 millions, donnés aux étrangers chargés de l'opération , avec les intérêts composés de cette somme pendant vingt ans , c'est-à-dire jusqu'à l'époque de l'extinction de la dette dans le système des 5 pour o/o . . . . : 92,000,000

total. 1,834,000,000

Remarquons que ces résultats se rencontrent, dans le cas même où on aurait éteint au profit du trésor les 28 millions de rente provenant de la réduction ; car si on reconstituait en totalité ou en partie ces 28 millions de rente, pour les ajouter aux 112 millions réduits, il faudrait ajouter à la charge imposée au peuple par l'opération , tout le capital de la rente reconstituée.

Supposons, par exemple , qu'on reconstitue 15 millions , il faudra ajouter à la somme de pertes déjà trouvées, qui est 1,834,000,000

1° Le capital de 15 millions à 3 pour cent. 500,000,000

2° Les annuités de ces quinze millions à peu près pendant 3o ans puisqu'ils ne seront rachetés qu'après les 112 millions. 450,000,000

total. 2,784,000,000

Les calculateurs s'apercevront que je néglige les intérêts composés des 15 millions d'annuités pendant trente ans ; c'est que je suis fatigué de faire des chiffres et que l'impossibilité d'admettre le projet me paraît suffisamment démontrée.

On voit qu'en accusant ce projet, de nous soumettre à une perte de plus de 1500 millions, j'ai supposé l'état entièrement déchargé des 28 millions pris aux rentiers, et que j'ai laissé encore à mes adversaires la marge nécessaire pour fixer à leur gré le cours moyen des 3 pour cent.

Des orages politiques accroîtraient de beaucoup le mal produit par la mesure proposée.

J'ai raisonné et calculé jusqu'ici en supposant les circonstances les plus favorables ; je vais rechercher maintenant ce qui arriverait, si des orages venaient troubler le cours propice de calme et de bonheur que nous aimons à nous promettre.

La politique de l'Angleterre ne paraît pas en harmonie parfaite avec celle des souverains du continent ; l'Amérique, la Grèce, l'Espagne, peuvent fournir de nombreux sujets de discorde ; la Russie et la Porte sont sous les armes et s'observent. Si une guerre éclatait en Europe, la France pourrait-elle y rester étrangère ?... Quelle serait alors la baisse des 3 pour o/o ? Il est impossible de le déterminer. Plusieurs états à la fois faisant d'énormes emprunts, et les prêteurs ayant intérêt à faire baisser les fonds partout, afin de les obtenir à meilleur marché, comme ils ont intérêt à les faire hausser partout pendant la paix, afin de réaliser de grands bénéfices, les 3 pour o/o qu'on livre à 75, et que la paix ferait monter jusqu'à 100, descendraient peut-être à 50, comme l'a dit M. le rapporteur de la commission de la chambre des députés, ou même plus bas encore. Quel serait alors le désespoir des rentiers, qui, ayant perdu d'abord le cinquième de leur revenu, perdraient encore un tiers de leur capital ! ....

Ne doit-on pas à la sûreté publique, ne doit-on pas à la famille royale, de prévoir et de prévenir, par des combinaisons plus prudentes, les sinistres effets que de tels sentiments pourraient produire dans des circonstances critiques ?

D'un autre côté, on ne peut pas s'empêcher de reconnaître que la situation du gouvernement, relativement aux emprunts qu'il pourrait être contraint de faire, serait la plus déplorable qu'on puisse imaginer.

Le souvenir d'une opération fatale aurait sur son crédit la plus funeste influence. Obligé d'emprunter sur des 3 pour o/o, il s'obligerait à rembourser des capitaux incomparablement plus forts que s'il empruntait sur des 5 pour o/o, et ses transactions seraient en cela, d'un tiers ou de moitié plus onéreuses que celles de 1817.... Pour 3 francs de rente, par exemple, il n'obtiendrait que 48 francs ou trois fois 16 francs, au lieu d'obtenir pour 5 francs de rente 80 francs ou cinq fois 16 francs; mais, dans le premier cas, il s'obligerait à rembourser 52 francs de plus qu'il n'aurait reçu, tandis que dans le second il aurait eu à rembourser seulement 20 francs de plus.

C'est alors que la mesure dont on nous menace serait jugée avec une juste et terrible sévérité...; le nom du ministre, le souvenir des chambres de 1824, se présenteraient à toutes les imaginations, et s'attacheraient au désastre de la fortune publique.

Vainement on dira que l'on créerait alors de nouveaux 5 pour o/o, et qu'on emprunterait sur cette base. Les prêteurs n'y consentiraient pas, de même qu'en 1817 ils ne voulurent pas consentir à traiter autrement que sur des rentes qui perdaient sur la place 45 pour o/o, et qu'ils soumirent à une perte de 50; ils objecteraient que le gouvernement pourrait rembourser ces 5 pour o/o comme ceux de 1824.

Les besoins de l'administration seraient pressants, et il faudrait qu'elle subît la loi des capitalistes. Le désordre envahirait ainsi de nouveau nos finances, et si la guerre avait quelque durée, ce désordre serait peut-être irréparable ; peut-être paralyserait-il les efforts que la France doit toujours pouvoir faire pour sa défense ou pour sa gloire.

Lorsque le présent est plein de prospérité, lui sacrifier l'avenir est un véritable crime d'état.

Les charges sur l'avenir ne peuvent être justifiées que par une extrême nécessité, parcequ'on ignore si elles ne tomberont pas sur la nation, au moment d'un grand danger, d'un grand besoin, d'une grande crise politique, et si, joignant leur poids à une catastrophe imprévue, elles n'entraîneront pas un grand bouleversement.

C'est cette haute prévoyance qui portait le docteur Price à condamner les emprunts sur bas intérêts, par cela seul que l'amortissement les éteint avec moins de promptitude. « Si les dettes sont à » un intérêt de 6 pour o/o, disait-il, le fonds d'a- » mortissement (d'un cinquième de la rente) paie- » ra trois cinquièmes de ces dettes en vingt-trois ans, » *et l'état peut être sauvé.* Si l'intérêt n'est que de » 3 pour o/o, le fonds d'amortissement ne produi- » ra le même allégement que dans un temps double, » *et la banqueroute publique peut devenir inévitable.* »

La conversion des 5 pour cent en 3 pour cent arrétera le mouvement des capitaux vers les provinces, l'agriculture et l'industrie.

Le moyen que l'on croit le plus puissant pour

concilier au projet le suffrage des députés des départements consiste à leur persuader que s'il nuit aux rentiers, pour la plupart habitants de Paris, c'est au bénéfice des provinces où il fera refluer des capitaux abondants, qui animeront l'industrie et l'agriculture.

J'ignore jusqu'à quel point il est politique de mettre ainsi aux prises l'intérêt de la capitale avec l'intérêt des provinces. Je craindrais même d'approfondir les effets que pourraient produire de telles semences de divisions imprudemment jetées dans les esprits.

Mais ce qui me paraît incontestable, c'est que la conversion des 5 pour cent en 3 pour cent sera plus funeste aux contribuables qu'aux rentiers eux-mêmes, en accroissant de plus de 1500 millions (dans le système du calcul le plus favorable au projet) les sommes nécessaires pour éteindre la dette ; qu'au lieu de procurer de l'argent, dans les provinces, à l'agriculture et à l'industrie, elle les privera de celui qui commence à leur arriver, et qui leur arriverait chaque jour avec plus d'abondance si le projet était retiré ou rejeté.

L'opération proposée ne pourrait accroître, soit dans Paris, soit dans les départements, la masse des capitaux consacrés à l'agriculture et à l'industrie, qu'autant qu'elle diminuerait la masse de ceux engagés dans la rente.

Or, je le demande, la masse des capitaux engagés dans la rente sera-t-elle diminuée d'un centime? Non, sans doute, même en supposant que les 3 pour cent pussent rester stationnaires à 75, prix auquel on les livre.

Les 140 millions de rente 5 pour cent qu'on veut réduire valent, au pair, un capital de 2 milliards 800 millions.

112 millions de rente 3 pour cent à 75 vaudront également un capital de 2 milliards 800 millions. D'où sortiront donc les énormes sommes qu'on promet aux provinces?

Bien loin de diminuer, les capitaux retenus par la rente s'accroîtront de jour en jour, si les 3 pour cent s'élèvent, comme l'assurent les auteurs du projet, et comme il faut le supposer pour croire qu'il réussira.

Lorsqu'il faudra, pour opérer le mouvement journalier des rentes, 10, 15 ou 20 pour cent de plus qu'à présent, comment y aura-t-il plus d'argent libre pour l'agriculture? Il y en aura, au contraire, 10, 15 ou 20 pour cent de moins, calculés surtoute la masse des rentes négociées.

Mais, dira-t-on sans doute, les fonds que les étrangers apportent ne rendront-ils pas libres des fonds français?

Non. Ces fonds sont destinés à menacer les rentiers, à forcer le cours des effets publics, à faire illusion , par des opérations extraordinaires ; d'abord , afin de contraindre les créanciers à subir la réduction , et en second lieu , afin d'enlever la plus grande partie possible des 33 pour o/o, c'està-dire du milliard dont on accroît la dette.

Cette grande expédition finie , les fonds étrangers nous quitteront pour aller, sur quelque autre place de l'Europe , faire une opération pareille , s'ils peuvent y trouver de nouvelles dupes.

Il est aisé de comprendre qu'il restera bien moins de fonds étrangers dans nos rentes, produisant 4 ou 3 1/2 ou 3 pour o/o, que si elles continuaient à produire 5 pour cent.

En réalité, les seuls capitaux qui passent du domaine des rentes dans les domaines de l'industrie ou de l'agriculture sont ceux qui sortent de la caisse d'amortissement , pour acheter des rentes qui ne doivent plus rentrer dans la circulation. Or, dans le système des 5 pour o/o , la caisse rachète beaucoup plus que dans celui des 3 pour o/o , et toute la différence est au préjudice de l'agriculture et de l'industrie. Dans cinq ans , la caisse d'amortissement rachetant des 5 pour o/o au pair , aurait acquis 24,965,000 de rente (*voir le tableau n°1*); en rachetant des 3 pour o/o, aussi au pair , elle n'aura acquis que 14,236,000 (*voir le tableau n° 2*) : différence , 10,729,000. C'est un capital de 214 millions 580 mille francs qui aurait forcément quitté la rente pour aller dans les provinces, et qui n'ira pas.

Au bout de dix ans, la différence, dans l'amortissement de la rente, sera de 25 millions, et la perte pour les capitaux destinés aux provinces, à l'agriculture, à l'industrie, sera de 5oo millions. Cette progression s'accroîtra toujours jusqu'à l'extinction de la dette.

Voilà des calculs exacts, et je ne crains pas qu'on y puisse répondre par des calculs.

Ceux-là donc seraient dans une grande erreur, qui pourraient croire que la création des 3 pour o/o rendrait l'argent plus commun et moins cher dans les provinces. Cette conversion frapperait les provinces de plus de 15oo millions de dettes en pure perte, et les priverait encore des capitaux que les rachats plus pressés leur procureraient, si on conservait les 5 pour o/o, ou si une réduction graduelle et lente avait lieu, sans accroissement du capital.

Aussi mon opposition et mes observations sont-elles beaucoup plus dans l'intérêt des départements, dans l'intérêt des contribuables, que dans l'intérêt des rentiers.

Conclusion.

Je termine enfin une tâche pénible ; il est démontré pour moi que la conversion de nos rentes, telle qu'on la propose, doit être un grand malheur public, et je l'ai dit avec franchise, mais sans aucune passion et sans aucune préoccupation. Je souhaite ou de m'être trompé, ou de réussir à faire passer dans l'esprit des ministres du roi, et de tous ceux qui doivent délibérer sur cette grande question, la conviction dont je suis pénétré.

Je n'ai pas la présomption de croire que les vues exposées dans ma Lettre du 26 mars soient les meilleures ; elles ne forment qu'un aperçu qu'on peut soumettre à beaucoup de modifications, et qui peut recevoir beaucoup de développements. Le seul point sur lequel j'insiste, parcequ'il est capital, c'est la nécessité de donner une raisonnable liberté à l'administration, sous sa responsabilité, pour les opérations de la caisse d'amortissement lorsque les rentes sont au-dessus du pair. C'est à ce point que s'attache la fortune financière de la France.

Si l'on veut disposer de 28 millions de rente pour soulager les contribuables ou pour tout autre besoin public, ne se présente-t-il pas un moyen bien simple ? La caisse d'amortissement aura racheté ces 28 millions, en 5 pour cent au pair, dans l'espace de cinq ans et demi. Eh bien ! qu'on en dispose aujourd'hui, pour leur donner l'application projetée, à mesure des rachats, et sans toucher à la propriéte actuelle de la caisse d'amortissement.

Dans cinq ans, elle se retrouvera avec sa dotation actuelle, pour agir sur la même dette que nous avons aujourd'hui. Nôtre libération complète ne serait retardée que de cinq ans, même en n'opérant aucune réduction ; et cependant, cette marche n'exclurait pas une réduction graduelle, et sans augmentation de capital, avec les ressources du trésor et de la caisse d'amortissement.

Une mesure si facile, pour laquelle nous n'avons besoin d'acheter aucun secours, et qui n'exciterait aucune plainte, ne serait-elle pas préférable à ce grand blocus de la rente, établi par des étrangers, pour faire violence aux créanciers, pour leur enlever d'abord 28 millions, pour enlever ensuite plus de 1500 millions aux contribuables, et pour imposer à notre avenir les conditions d'emprunt les plus ruineuses, dans les moments de besoin.

Monsieur le comte, je croyais avoir fini cette

longue lettre, lorsque j'ai lu dans le *Moniteur* de ce jour, un article et des tableaux que je ne puis croire, avoués de Votre Excellence. Ils sont une satire, indirecte à la vérité et fort involontaire sans doute, mais à mon avis une satire très amère du projet soumis aux chambres.

D'un côté on suppose que les 28 millions produits par la réduction, seront joints au fonds d'amortissement, quoiqu'on sache bien qu'ils doivent avoir une autre destination, et on suppose, ensuite, que les 3 pour o/o seront rachetés à 75, quoique le *Moniteur* du 26 mars ait annoncé qu'ils s'élèveraient au pair, et quoique Votre Excellence ait promis elle-même aux rentiers qu'ils pourraient gagner sur leurs inscriptions 33 1/3 pour o/o.

C'est à l'aide de ces deux fausses suppositions, que faisant agir l'amortissement, avec une puissance de 108 millions sur 112 millions de rente, 3 pour o/o, à 75, *c'est-à-dire à 25 pouv o/o au-dessous du pair,* on obtient à peine une libération plus prompte de deux ans et demi, qu'en faisant agir une puissance de 80 millions seulement, sur 140 millions de rente, 5 pour o/o, *au pair.*

D'un autre côté, on compare l'action de la caisse d'amortissement achetant à 142 fr. 86 cent., *c'est-à-dire à 42 fr. 86 cent. au-dessus du pair,* 140 millions de rente 5 pour cent, avec l'action de la même caisse achetant 112 millions de rente 3 pour cent, à 85 fr. 71 cent., *c'est-à-dire à 14 fr. 29 cent. au-dessous du pair ;* et, avec de pareilles données, on n'arrive à éteindre les 112 millions 3 pour cent que quatre ans avant l'extinction des 140 millions 5 pour cent. Que serait-ce donc, si on calculait tout au pair, comme on le devrait? On aurait précisément le résultat de mes tableaux.

Apprendre à ceux qui pouvaient l'ignorer qu'il faut employer de tels moyens pour produire de tels résultats, c'est démontrer avec évidence à tous les yeux que le projet qu'on paraît défendre ne peut pas être soutenu.

Si la caisse d'amortissement devait acheter à tout prix au-dessus du pair; si le ministère et les chambres voulaient lui imposer cette obligation dont on n'a eu l'idée dans aucun pays de la terre, et que l'agioteur le plus effronté n'oserait pas solliciter ; si on devait admettre que nous pourrions racheter à 142, à 1,000, à 2,000, ce que nous avons livré à 50 (car il n'y a pas plus de raison pour s'arrêter à 1,000 qu'à 142); si telle devait être notre condition, tout examen serait superflu : il ne faudrait plus s'occuper de la fortune publique ; elle appartiendrait à l'agiotage.

Toute l'affaire est donc dans la question suivante : Vaut-il mieux sacrifier des milliards, que de déclarer que la caisse d'amortissement ne sera pas obligée de racheter des rentes, à tout prix au-dessus du pair?...

Je ne puis pas craindre que cette question soit résolue contre les intérêts de la France, sous le ministère de Votre Excellence, lorsque je lis, dans le discours qu'elle prononça, le 3 mars 1817, à la chambre des députés, les passages suivants, que je transcris avec fidélité :

« Un fonds d'amortissement n'est en réalité » qu'un mode de remboursement des capitaux em- » pruntés.... Si l'amortissement n'est pas injuste à » l'égard des prêteurs, en rachetant une rente per- » pétuelle avec des capitaux inférieurs à ceux qui » ont été livrés, *il deviendrait absurde , de la part* » *des emprunteurs qui le fondent, s'il présentait la* » *chance de porter jamais le remboursement à un* » *taux supérieur au montant de la créance.* »

J'ai l'honneur d'être, avec la plus haute considération, etc., etc.

LE COMTE DE MOSBOURG.

TABLEAU N° 1.

Rachat de 140,000,000 de rente 5 pour cent au pair, par une caisse d'amortissement qui possède une dotation de 80 millions.

	PUISSANCE de la caisse par semestre.	SOMMES rachetées par semestre.	DIMINUTION sur chaq. sem. à payer.	A PAYER par semestre 70,000,000
22 mars. Semestre reçu.......	40,000,000 1,000,000	2,000,000	1,000,000	69,000,000
22 sept.	41,000,000 1,025,000	2,050,000	1,025,000	67,975,000
1re année, 22 mars.	42,025,000 1,050,000	2,101,000	1,050,000	66,925,000
22 sept.	43,075,000 1,077,000	2,154,000	1,077,000	65,848,000
2e 22 mars.	44,152,000 1,103,000	2,207,000	1,103,000	64,745,000
22 sept.	45,255,000 1,131,000	2,262,000	1,131,000	63,614,000
3e 22 mars.	46,386,000 1,159,000	2,319,000	1,159,000	62,455,000
22 sept.	47,545,000 1,188,000	2,377,000	1,188,000	61,267,000
4e 22 mars.	48,733,000 1,218,000	2,437,000	1,218,000	60,049,000
22 sept.	49,951,000 1,249,000	2,498,000	1,249,000	58,800,000
5e 22 mars.	51,200,000 1,280,000	2,560,000 24,965,000	1,280,000	57,520,000
22 sept.	52,480,000 1,312,000	2,624,000	1,312,000	56,208,000
6e 22 mars.	53,792,000 1,345,000	2,690,000	1,345,000	54,863,000
22 sept.	55,137,000 1,378,000	2,757,000	1,378,000	53,485,000

SUITE DU TABLEAU N° 1.

	PUISSANCE de la caisse.	SOMMES rachetées par semestre.	DIMINUTION sur chaque semestre à payer.	A PAYER par semestre.
REPORTS........		33,036,000		53,485,000
7ᵉ année 22 mars.	56,515,000 1,413,000	2,826,000	1,413,000	52,072,000
22 sept.	57,928,000 1,448,000	2,896,000	1,448,000	50,624,000
8ᵉ 22 mars.	59,376,000 1,484,000	2,969,000	1,484,000	49,140,000
22 sept.	60,860,000 1,522,000	3,043,000	1,522,000	47,618,000
9ᵉ 22 mars.	62,382,000 1,559,000	3,119,000	1,559,000	46,059,000
22 sept.	63,941,000 1,598,000	3,197,000	1,598,000	44,461,000
10ᵉ 22 mars.	65,539,000 1,638,000	3,277,000	1,638,000	42,823,000
		54,363,000		
22 sept.	67,177,000 1,679,000	3,359,000	1,679,000	41,144,000
11ᵉ 22 mars.	68,856,000 1,722,000	3,443,000	1,722,000	39,422,000
		61,165,000		
22 sept.	70,578,000 1,764,000	3,528,000	1,764,000	37,658,000
12ᵉ 22 mars.	72,342,000 1,808,000	3,617,000	1,808,000	35,840,000
22 sept.	74,150,000 1,853,000	3,707,000	1,853,000	33,987,000
13ᵉ 22 mars.	76,003,000 1,900,000	3,800,000	1,900,000	32,087,000
		75,817,000		
22 sept.	77,903,000			

SUITE DU TABLEAU N° I.

	PUISSANCE de la caisse.	SOMMES rachetées par semestre.	DIMINUTION sur chaque semestre à payer.	A PAYER par semestre.
Report............		75,817,000		
13ᵉ année , 22 sept.	7 7,903,000 2,947,000 → 1,947,000	3,895,000	1,947,000	30,140,000
14ᵉ 22 mars.	79,850,000 1,997,000	3,993,000	1,997,000	28,143,000
22 sept.	81,847,000 2,046,000	4,092,000	2,046,000	26,097,000
15ᵉ 22 mars.	83,893,000 2,098,000	4,195,000	2,098,000	23,999,000
22 sept.	85,991,000 2,150,000	91,992,000 4,300,000	2,150,000	21,849,000
16ᵉ 22 mars.	88,141,000 2,203,000	4,407,000	2,203,000	19,646,000
22 sept.	90,344,000 2,258,000	4,517,000	2,258,000	17,388,000
17ᵉ 22 mars.	92,602,000 2,315,000	4,630,000	2,315,000	15,073,000
22 7ᵇʳᵉ.	94,917,000 2,373,000	4,746,000	2,373,000	12,700,000
18ᵉ 22 mars.	97,290,000 2,432,000	4,865,000	2,432,000	10,268,000
22 7ᵇʳᵉ.	99,722,000 2,493,000	4,986,000	2,493,000	7,775,000
19ᵉ 22 mars.	102,215,000 2,555,000	5,111,000	2,555,000	5,220,000
22 7ᵇʳᵉ.	104,770,000 2,619,000	5,238,000	2,619,000	2,601,000
20ᵉ 22 mars.	107,389,000	5,570,000	2,680,000	0,000,000
		140,162,000 140,000,000		
		162,000		

A la vingtième année , la caisse d'amortissement aurait racheté les 140 millions de dette et posséderait en outre 5,220,000 francs (capital de 162,000 francs de rente, excédant marqué dans la deuxième colonne).

TABLEAU N° 2.

Rachat de 112 millions de rente 3 pour 100 au pair par une Caisse d'amortissement qui possède 80,000,000 francs de dotation.

		PUISSANCE de la caisse par semestre.	SOMMES rachetées par semestre.	DIMINUTION sur chaque semestre à payer.	A PAYER par semestre 56,000,000
	22 mars.	40,000,000	1,200,000	600,000	55,400,000
	Semestre reçu...	600,000			
	22 sept.	40,600,000	1,218,000	609,000	54,791,000
		609,000			
1re année,	22 mars.	41,209,000	1,236,000	618,000	54,173,000
		618,000			
	22 sept.	41,827,000	1,255,000	627,000	53,546,000
		627,000			
2^e	22 mars.	42,454,000	1,274,000	637,000	52,909,000
		637,000			
	22 sept.	43,091,000	1,293,000	647,000	52,262,000
		647,000			
3^e	22 mars.	43,738,000	1,312,000	656,000	51,606,000
		656,000			
	22 sept.	44,094,000	1,332,000	666,000	50,940,000
		666,000			
4^e	22 mars.	45,060,000	1,352,000	676,000	50,264,000
		676,000			
	22 sept.	45,736,000	1,372,000	686,000	49,578,000
		686,000			
5^e	22 mars.	46,422,000	1,392,000	696,000	48,882,000
		696,000	14,236,000		
	22 sept.	47,118,000	1,414,000	707,000	48,175,000
		707,000			
6^e	22 mars.	47,825,000	1,435,000	718,000	47,457,000
		718,000			
	22 sept.	48,543,000	1,456,000	728,000	46,729,000
		728,000			
7^e	22 mars.	49,271,000	18,541,000		

SUITE DU TABLEAU N° 2.

		PUISSANCE de la caisse par semestre.	SOMMES rachetées par semestre.	DIMINUTION sur chaque semestre à payer.	A PAYER par semestre.
	Report.........		18,541,000		
7^e	22 mars.	49,271,000	1,478,000	739,000	45,990,000
	Semestre reçu....	739,000			
	22 sept.	50,010,000 750,000	1,500,000	750,000	45,240,000
8^e	22 mars.	50,760,000 762,000	1,523,000	762,000	44,478,000
	22 sept.	51,522,000 773,000	1,546,000	773,000	43,705,000
9^e	22 mars.	52,295,000 784,000	1,568,000	784,000	42,921,000
	22 sept.	53,079,000 796,000	1,592,000	796,000	42,125,000
10^e	22 mars.	53,875,000 808,000	1,616,000	808,000	41,317,000
	22 sept.	54,683,000 820,000	29,364,000 1,640,000	820,000	40,497,000
11^e	22 mars.	55,503,000 833,000	1,665,000	833,000	39,664,000
	22 sept.	56,336,000 845,000	32,669,000 1,690,000	845,000	38,819,000
12^e	22 mars.	57,181,000 858,000	1,715,000	858,000	37,961,000
	22 sept.	58,039,000 870,000	1,741,000	870,000	37,081,000
13^e	22 mars.	58,909,000 884,000	1,767,000	884,000	36,197,000
	22 sept.	59,793,000 897,000	1,794,000	897,000	35,300,000
14^e	22 mars.	60,690,000 910,000	1,821,000	910,000	34,390,000
	22 sept.	61,600,000	43,197,000		

SUITE DU TABLEAU N° 2.

		PUISSANCE de la caisse par semestre.	SOMMES rachetées par semestre.	DIMINUTION sur chaque semestre à payer.	A PAYER par semestre.
REPORT...		. . . . . .	43,197,000		
14e année,	22 sept.	61,600,000 924,000	1,848,000	924,000	33,466,000
15e	22 mars.	62,524,000 938,000	1,876,000	938,000	32,528,000
	22 sept.	63,462,000 954,000	46,921,000 1,904,000	954,000	31,574,000
16e	22 mars.	64,416,000 966,000	1,932,000	966,000	30,608,000
	22 sept.	65,382,000 980,000	1,961,000	980,000	29,628,000
17e	22 mars.	66,362,000 996,000	1,991,000	996,000	28,632,000
	22 sept.	67,358,000 1,010,000	2,021,000	1,010,000	27,622,000
18e	22 mars.	68,368,000 1,026,000	2,051,000	1,026,000	26,596,000
	22 sept.	69,394,000 1,041,000	2,082,000	1,041,000	25,555,000
19e	22 mars.	70,435,000 1,057,000	2,113,000	1,057,000	24,498,000
	22 sept.	71,492,000 1,072,000	2,145,000	1,072,000	23,426,000
20e	22 mars.	72,564,000	2,177,000	1,089,000	22,333,000
A racheter encore...			67,298,000 44,702,000		
			112,000,000		

A la vingtième année, la caisse d'amortissement aurait à racheter encore 44,702, représentant à 3 pour cent un capital de 1,490,000.

TABLEAU N° 3.

État comparatif des paiements à faire par le Trésor aux titulaires d'inscription dans le double système, 1° d'une dette de 140 millions à 5 pour cent, et d'une dette de 112 millions à 3 pour cent, suivant les tableaux n° 1 et n° 2.

		SOMMES à payer suivant le système des cinq pour cent non réduits par semestre.	SOMMES à payer suivant le système des trois pour cent par semestre.	DIFFÉRENCE au préjudice des cinq pour cent.
	22 mars.	69,000,000	55,400,000	13,600,000
	22 sept.	67,975,000	54,791,000	13,184,000
1re année	22 mars.	66,925,000	54,173,000	12,752,000
	22 sept.	65,848,000	53,546,000	12,302,000
2e	22 mars.	64,745,000	52,909,000	11,836,000
	22 sept.	63,614,000	52,262,000	11,352,000
3e	22 mars.	62,455,000	51,606,000	10,849,000
	22 sept.	61,267,000	50,940,000	10,327,000
4e	22 mars.	60,049,000	50,264,000	9,785,000
	22 sept.	58,800,000	49,578,000	9,222,000
5e	22 mars.	57,520,000	48,882,000	8,638,000
		698,198,000	574,351,000	123,847,000
	22 sept.	56,208,000	48,175,000	8,033,000
6e	22 mars.	54,863,000	47,457,000	7,406,000
	22 sept.	53,485,000	46,729,000	6,756,000
7e	22 mars.	52,072,000	45,990,000	6,082,000
	22 sept.	50,624,000	45,240,000	5,384,000
8e	22 mars.	49,140,000	44,478,000	4,662,000
	22 sept.	47,618,000	43,703,000	3,913,000
9e	22 mars.	46,059,000	42,921,000	3,138,000
	22 sept.	44,461,000	42,125,000	2,336,000
10e	22 mars.	42,823,000	41,317,000	1,506,000
		1,195,551,000	1,022,488,000	173,063,000

Suite du Tableau n° 3.

		A PAYER sur les 5 p. o/o non réduits.	A PAYER sur les 3 p. o/o.	DIFFÉRENCE au préjudice de 5 p. o/o.
Report. . .		1,195,551,000	1,022,488,000	173,063,000
10ᵉ année , 22 sept.		41,144,000	40,497,000	647,000
		1,236,495,000	1,062,985,000	173,710,000
				Différence au préjudice des 3 p. o/o.
11ᵉ	22 mars.	39,422,000	39,664,000	242,000
	22 sept.	37,658,000	38,819,000	1,161,000
12ᵉ	22 mars.	35,840,000	37,961,000	2,121,000
	22 sept.	33,987,000	37,081,000	3,094,000
13ᵉ	22 mars.	32,087,000	36,197,000	4,110,000
	22 sept.	30,140,000	35,300,000	5,160,000
14ᵉ	22 mars.	28,143,000	34,390,000	6,247,000
	22 sept.	26,097,000	33,466,000	7,369,000
15ᵉ	22 mars.	23,999,000	32,528,000	8,529,000
	22 sept.	21,849,000	31,574,000	9,725,000
		309,222,000	356,980,000	47,758,000

SUITE DU TABLEAU Nº 3.

	A PAYER sur les 5 p. o/o non réduits.	A PAYER sur les 3 p. o/o.	DIFFÉRENCE au préjudice des 3 p. o/o.
REPORTS. .	309,222,000	356,980,000	47,758,000
16ᵉ année, 22 mars.	19,646,000	30,608,000	10,962,000
22 sept.	17,388,000	29,628,000	12,240,000
17ᵉ 22 mars.	15,073,000	28,632,000	13,559,000
22 sept.	12,700,000	27,622,000	14,922,000
18ᵉ 22 mars.	10,268,000	26,596,000	16,328,000
22 sept.	7,775,000	25,555,000	17,780,000
19ᵉ 22 mars.	5,220,000	24,498,000	19,278,000
22 sept.	2,601,000	23,426,000	20,825,000
20ᵉ 22 mars.	0,000,000	22,333,000	22,333,000
	399,893,000	595,878,000	195,985,000

A déduire la somme gagnée dans le cours des dix premières années, par la réduction. . . . . 173,710,000.

Perte résultant de la réduction. 22,275,000

Cette perte est faite sur les annuités seulement, indépendamment de la somme de 44,700,000 de rente restant à racheter, à la vingtième année, dans le système des 3 pour cent, et représentant un capital de 1,490,000.